CRIMINE

CASI DI VITA REALE

ANDRES DONATO CASTRO

DEDICATO A TUTTE LE PERSONE
CHE MI DANNO INCORAGGI E FORZA

SODDISFARE

GRAZIE i

1 CAPITOLO 1 1

2 CAPITOLO 2 10

3 CAPITOLO 3 19

4 CAPITOLO 4 28

UN RINGRAZIAMENTO SPECIALE A TUTTI I MIEI AMICI

CAPITOLO 1

LA DONNA CON IL CILINDRO

Le persone erano scioccate da ciò che vedevano i loro occhi, tutto ciò che era accaduto era orrendo. Una donna di circa 25 anni è stata trovata all'interno di un cilindro, che era stato riempito di cemento e pietre per far sparire le tracce. L'accusa ha controllato il corpo davanti agli occhi di tutti i testimoni. Il corpo era stato spruzzato con candeggina e le sue impronte digitali erano scomparse, a quanto pare l'assassino gli aveva amputato una parte delle dita. L'omicidio è diventato rapidamente virale ed è stato trasmesso da tutti i media. L'intera società era perplessa, la crudeltà contro la giovane donna non poteva essere compresa. Chi ha commesso questo odioso crimine? Chi è responsabile di questo oltraggio? Può esistere così tanto odio nella mente di un essere umano? Gli investigatori avevano alcuni indizi che li hanno portati a presumere che si trattasse di un crimine passionale. Tuttavia, era troppo presto per giungere a questa conclusione, avevano ancora bisogno di raccogliere dati. Il fatto che la donna fosse stata spruzzata con candeggina e le sue impronte digitali fossero state amputate, ha portato le autorità a credere che l'assassino stesse cercando di guadagnare tempo per fuggire dalla città o dal territorio peruviano.

Da tempo ormai i continui crimini contro le donne si sentono attraverso le cronache, solo nel 2019 il nostro Paese ha denunciato 168 femminicidi, il che ci mostra al mondo, come un Paese sessista e senza rispetto per le donne. Tutti immaginavano che questo caso fosse uno di quelli. Se quel "sanguinario assassino" non fosse trovato presto, si creerebbe un brutto precedente nel sistema giudiziario nazionale e ciò potrebbe causare instabilità politica.

I criminali pensano che non saranno mai scoperti, lottano per il crimine perfetto, credendo di poter ingannare milioni di persone. È IL PIÙ ASSURDO! Prima o poi l'assassino cadrà nelle mani della giustizia, di questo sono quasi sicuro! Spesso i criminali commettono errori gravi e quegli errori diventano gli indizi per arrivarci. Possono uccidere, ma commettono sempre l'errore di lasciare alcune prove che li incriminano o si riferiscono al crimine commesso.

Quando il corpo della giovane donna fu completamente rimosso, sui vestiti dell'occisa si potevano vedere le insegne distintive di una scuola per infermieri. Questo sarebbe il punto di partenza per trovare l'assassino.

Come ho detto un attimo fa, i media hanno contribuito a diffondere la notizia, e questo ci permetterebbe di trovare persone legate alla vittima. Raquel aveva visto la notizia e aveva intuito che quella donna era sua sorella, dal momento che tutti i lineamenti le corrispondevano esattamente. Inoltre, sono passati diversi giorni da quando sua sorella è tornata a casa, ed era molto preoccupata per questo. Si è immediatamente recato all'obitorio di Lima per identificare il corpo e confermare se i resti trovati appartenevano alla sua amata. Sfortunatamente, tutti quei presentimenti che gli venivano al cuore erano reali, la donna assassinata era la sua amata sorella Marisol. Allora chi ha ucciso Marisol? Poteva avere dei nemici di cui la polizia doveva sapere?

Raquel non voleva far avanzare la sua opinione, ma aveva in mente alcuni possibili sospetti. Uno di loro era Carlos, un giovane che ha recentemente iniziato a frequentare sua sorella, Raquel credeva che questo giovane potesse essere coinvolto nella faccenda, ma aveva i suoi dubbi, dal momento che il giovane al momento in cui si sono verificati gli eventi, era in la città di HUÁNUCO, nell'entroterra del paese. E l'altro sospetto che aveva in mente era Luis, questo era un giovane che aveva avuto una relazione di più di 6 anni con Marisol. Ma che, presumibilmente, al momento in cui si sono verificati gli eventi, era in pieno servizio militare.

La polizia ha iniziato a indagare sui due uomini, entrambi molto sospettosi.

Carlos era stanco di Marisol, e non proprio perché non l'amava, ma poiché era una donna molto indecisa, non aveva finito di decidere se sarebbe rimasta con lui o sarebbe andata con Luis. Il comportamento infantile di Marisol fece provare a Carlos un enorme fastidio e disagio. Aveva paura di perderla, perché a quel punto i suoi sentimenti erano già molto coinvolti. Aveva persino deciso di abbandonare tutto nella sua terra natale e di venire a vivere con lei a Lima.

Luis, invece, era molto preoccupato. Era anche angosciato dalla scomparsa di Marisol, infatti chiamava Raquel quasi tutti i giorni per chiederle se sapeva qualcosa su dove si trovava sua sorella. Così è stato fino al momento in cui la notizia è stata trasmessa in televisione.

Chi era allora l'assassino? Sia Carlos che Luis erano

completamente trasparenti sulla situazione. Tuttavia, non dobbiamo dimenticare che i criteri di indagine della polizia sono fottutamente morbosi. Non stanno fermi, cercano sempre di trovare il nocciolo della questione, per di più, a volte penso anche che un ottimo investigatore debba avere la mentalità di un criminale, perché se non l'avesse, sarebbe molto difficile catturare quei criminali. La polizia ha iniziato a legare i punti, il fatto che la vittima indossasse l'uniforme indicava che poco prima della sua morte era nelle sue classi di infermieristica, cioè l'assassino l'ha presa in quel luogo o l'ha incontrata pochi minuti dopo .

 La polizia ha richiesto le telecamere di sicurezza presso l'istituto infermieristico, dove Marisol stava studiando. Ogni giorno la bellissima giovane donna tornava a casa alle 6 del pomeriggio, quella era l'ora in cui finivano le sue lezioni. Esattamente in quel momento, si poteva notare attraverso le telecamere di sicurezza che nel locale appariva un'auto color piombo, a quanto pare Marisol aveva molta confidenza con il guidatore, visto che saliva in macchina senza alcun problema. Lo vedevi persino sorridere. Questo è stato estremamente importante nelle indagini, dal momento che il giorno in cui è stato trovato il cilindro, quell'auto era sulla scena. Rapidamente la polizia è andata al lavoro per trovare il proprietario della targa di quella macchina, e OH SORPRESA! Il proprietario di quel veicolo era il padre di Luis. Quella macchina era stata un regalo di compleanno per suo figlio, cioè il vero proprietario era Luis, che d'ora in poi era direttamente legato al delitto.

 La polizia non poteva perdere tempo, sono andati nell'appartamento che Luis aveva affittato in un quartiere di

Lima. Hanno capito che il tempo era la chiave per chiarire tutti i fatti e impedire la fuga del presunto assassino. L'appartamento di Luis era al terzo piano di un edificio; Quando le forze dell'ordine sono arrivate, hanno chiesto il corrispondente permesso alle persone che vi abitavano per poter intervenire sul luogo, tuttavia, sono rimaste sorprese che, solo un paio di giorni fa, avesse già lasciato il sito, secondo le informazioni che ha dato ai suoi vicini che vivevano ai piani inferiori, si sarebbe trasferito in un luogo più confortevole. L'autorità arrivò a presumere che Luis stesse già iniziando il suo piano di fuga.

 Un'altra informazione importante è stata che uno dei vicini era incuriosito il giorno in cui Luis ha lasciato il posto, secondo la testimonianza che quest'uomo ha dato, lunedì mattina, il giorno prima del suo trasferimento, Luis ha sollevato un cilindro al terzo piano, sostenuta da due giovani venezuelani per portare a termine l'atto. Dopo questo, ha potuto notare che il giorno successivo, questi stessi giovani hanno rimosso lo stesso cilindro, ma a quanto pare, con maggiore difficoltà, poiché il cilindro era stato apparentemente riempito con del materiale, altrimenti non avrebbero dovuto essere così complicati per rimuoverlo. . Non c'era altro modo per spiegare la situazione. Quel vicino pensava che il cilindro fosse stato riempito con le cose personali di Luis, quindi non lo mise in dubbio. Tuttavia, una volta appresa la notizia, è stato subito in grado di collegare i puntini, ed è giunto alla conclusione che questo cilindro era lo stesso che si poteva vedere in televisione. Ciò significava anche che Luis aveva dei complici per eseguire tutti i movimenti di detto elemento di prova, cioè il cilindro.

Nonostante gli ovvi sospetti sul caso, c'era qualcosa che ancora non tornava. Quando Raquel chiamò Luis, il giorno in cui sua sorella scomparve, era in pieno servizio militare, cioè era rinchiuso in caserma e non poteva, in alcun modo, essere in due posti contemporaneamente, a meno che non abbia due corpi. La polizia era ancora in "pannolini", aveva bisogno di indagare un po 'di più. In effetti, sapevano che i tempi si stavano accorciando, se non avessero trovato un indizio che si concludesse definitivamente con la responsabilità di Luis, tutti i loro sforzi sarebbero stati vani e l'assassino sarebbe stato lontano dalle loro mani.

L'accusa è arrivata alla caserma militare, per conoscere gli orari di entrata e di uscita del presunto assassino, hanno dovuto confermare se davvero Luis fosse stato arrestato il giorno della scomparsa di Marisol. Altrimenti non ci sarebbe più alcun dubbio che fosse lui l'assassino. I rapporti sul servizio militare di Luis indicavano che lunedì, martedì, mercoledì, giovedì e venerdì aveva chiesto un permesso speciale per essere assente durante quei giorni, giorni in cui era avvenuto l'omicidio.

Se tutto era così chiaro, perché non l'hanno fermato, perché non hanno cercato di localizzarlo? La polizia sembrava essere molto accomodante con l'assassino! Tuttavia, la polizia aveva un'ipotesi, con la quale si sono rifiutati di procedere immediatamente, e questa era che, secondo i criteri della polizia, se avessero catturato Luis, questo sarebbe stato conosciuto da "tutti" attraverso il media, che potrebbe dare qualche vantaggio ai complici dell'omicidio, cioè ai due giovani venezuelani coinvolti anche loro nel problema. L'idea della polizia era di catturare i 3 sospetti. Quindi, solo quando sapranno dove si trovano questi due giovani, potranno procedere in modo efficiente, senza che una sola persona scappi.

 Chi erano i complici di Luis? Chi erano questi due giovani? Non è stato davvero difficile per la polizia identificarli. Tra i video di riunioni e feste che Marisol teneva sul suo computer, si vedeva Luis molto contento di un gruppo di giovani venezuelani, erano gli operai che aveva nella sua panetteria, li assumeva regolarmente, perché per lui era più conveniente quello, per assumere lavoratori di nazionalità peruviana. Confrontando i video, sono stati finalmente in grado di identificare i complici. Ora era il momento di catturarli e assicurarli alla giustizia per pagare i loro crimini e le loro condanne.

 Ma quando la polizia ha creduto di avere tutto nelle loro mani, qualcosa è sfuggito di mano. Luis era scappato e non si sapeva dove si trovasse, e per aggiungere la beffa al danno, se il principale sospettato non si fosse presentato, gli altri due complici avrebbero potuto semplicemente negare il fatto e liberarsi dalla colpa. CHE ORRIBILE !. A quanto pare Luis è sempre stato un passo avanti alla polizia e tutto è andato al ritmo che voleva. È passato più di 1 anno e non è stato ancora localizzato. Forse d'ora in poi devo cambiare il mio punto di vista riguardo al crimine, forse il crimine perfetto esiste e non sono in grado di accettarlo.

 Perché l'ha uccisa? Luis era un uomo con una gelosia malaticcio, la sua insicurezza lo faceva battere costantemente Marisol, che non poteva più avere una vita normale dopo averlo incontrato, era diventata una "prigioniera" e non poteva fuggire da lui. Dopo 6 anni, stanca di tanti abusi fisici e psicologici, ha finalmente deciso di lasciarlo e ricostruire la sua vita con Carlos, che era il suo compagno a scuola. Questa decisione di Marisol finì per esacerbare le emozioni di Luis, che pensava ostinatamente che Marisol gli appartenesse e potesse vivere solo con lui. Dopo aver appreso della sua nuova relazione romantica, Luis ha preso la fatidica decisione di ucciderla. L'ha ingannata nel suo appartamento, l'ha pugnalata e ha finito per toglierle la vita. Quindi, per nascondere la sua azione codarda, ha comprato un cilindro, vi ha messo il corpo del cadavere e lo ha riempito di cemento. In questo modo intendeva eliminare ogni tipo di prova. Sentendo quanto fosse pesante il cilindro, dopo che il cemento si era asciugato, si accordò per assumere i due giovani venezuelani, ai quali pagò una certa somma di denaro per aiutarlo a rimuovere il cilindro. Questi uomini hanno portato il cilindro in un campo, dove hanno pianificato di seppellirlo ed eliminare ogni tipo di prova. Ma ebbero sfortuna, poiché i vicini che si trovavano nei pressi del luogo, notarono le strane attività che stavano svolgendo, in questo modo non ebbero altra scelta che scappare, lasciando in vista le prove e la pazienza di tutti.

Per non destare sospetti, Luis ha contattato Raquel in ogni momento, voleva far credere agli altri che non aveva nulla a che fare con la scomparsa di Marisol. Tuttavia, a quel punto era già morta. Luis era così intelligente che, gestendo tutte le questioni al suo ritmo, anche la polizia era caduta nella sua trappola. È stato così senza vergogna che ha persino pubblicato una foto sui suoi social network salutando tutti. Si presume che i suoi parenti lo abbiano nascosto fino ad ora, siano rimasti in silenzio e non abbiano voluto discutere la questione.

Marisol era una giovane donna umile che voleva solo che la vita le desse una nuova possibilità. Sfortunatamente tutti i suoi sogni sono rimasti incompiuti, dopo aver incontrato un uomo malvagio dal profondo del suo cuore.

Un anno fa hanno offerto una ricompensa per la cattura di Luis, ma un'ultima notizia ha indicato che a causa del tempo il mandato di cattura nei suoi confronti non era più in vigore. Cioè, la polizia ha smesso di cercarlo e questo crimine è rimasto nella totale impunità.

CAPITOLO 2

NEGLIGENZA MEDICA

Tutti gli ospedali del mondo sono regolati da rigidi parametri sanitari, cioè tutti i centri ospedalieri sono obbligati a prendere le cure e le misure necessarie per garantire cure adeguate ai propri pazienti; quale sono, la ragione principale della loro esistenza. Se un ospedale ignora questa cura, può compromettere seriamente le condizioni delle persone e può essere coinvolto in un numero innumerevole di reclami. Nel corso della storia, ci sono stati diversi casi di negligenza medica, che hanno persino provocato la morte di un essere umano. Poiché la "vita" è il bene legale più importante, qualsiasi affettazione diventa imperdonabile.

In molti paesi sottosviluppati, il settore sanitario è stato gravemente trascurato e questo ha causato molti danni agli utenti. Per esempio; Ricordo che recentemente un uomo diabetico è stato portato al pronto soccorso, una gamba aveva bisogno di essere amputata perché la necrosi era avanzata pericolosamente e c'era il rischio che un'altra parte del corpo potesse essere compromessa. In realtà, non è stata un'operazione complicata; si trattava di prendere le cure necessarie. Alla fine della giornata, l'uomo è uscito dalla sala operatoria, credeva che l'intera operazione fosse andata a buon fine, poiché i suoi segni vitali erano stabili e non sentiva alcun disagio nel suo corpo. Fu solo quando, sollevando il lenzuolo che le copriva le gambe, ebbe la peggiore sorpresa della sua vita. HANNO TAGLIATO LA SUA GAMBA SANA! Chi lo ripristinerebbe in salute? Potrebbe essere la stessa persona dopo questa negligenza medica? Chi riparerebbe il danno emotivo e psicologico? Non era una cosa leggera! Oltre a tutto, quest'uomo aveva bisogno di entrare di nuovo in sala operatoria, poiché la gamba danneggiata non era ancora stata rimossa.

 Non voglio sottovalutare la vita di un essere umano, né voglio essere frainteso, ma la cosa buona di tutto questo era che, l'uomo colpito aveva già più di 70 anni, almeno aveva goduto dei piaceri della vita, ecco perché , c'era in lui una certa rassegnazione, che gli ha permesso di accettare la sua sfortuna. Tuttavia, parlare di un adulto non è la stessa cosa che parlare di un bambino. Una vita che è appena iniziata non può essere limitata da una negligenza così grave, lo considero un errore inaccettabile. In questo senso, permettetemi di raccontarvi la seguente storia avvenuta nel grande ospedale di maternità di Lima - Perù.

 Portare un bambino al mondo può essere facile per alcune coppie quando decidono di averlo, cercano solo di pianificarlo e coordinarlo con amore. Dopo 9 mesi, i loro cuori sono pieni di gioia quando nasce un nuovo membro della famiglia. Credo che nessuno possa negare l'immensa felicità che deriva dalla nascita di un bambino. È la parte più bella della nostra vita! Tuttavia, questo non è sempre il caso, per alcune coppie, portare un bambino al mondo diventa una vera difficoltà. Portano costosi trattamenti per la fertilità, sono sopraffatti dall'idea di non avere discendenza e ci sono persino guasti coniugali a causa di questa delicata questione.

 Maria ed Eduardo sono una coppia molto felice, si frequentano dai tempi del liceo e il loro amore è cresciuto così forte nel tempo che hanno deciso di unirsi in matrimonio; infatti convivevano da tempo insieme, ma l'idea di sposarsi li eccitava molto. La loro vita è molto umile, vivono con abbastanza per sopravvivere, hanno una piccola casa sulle pendici di una collina, in un quartiere molto popolare della capitale Lima. Come molti dicono, quando l'amore abbonda, i problemi possono essere gestiti meglio; non facevano eccezione. Il suo sogno più grande era mettere su famiglia, a Eduardo piacevano molto i bambini, sembrava uno di più quando giocava con i nipoti. Perché; un nuovo membro in casa sarebbe il modo perfetto per completare quella gioia.

María ed Eduardo sono una giovane coppia, non dovrebbero avere problemi a concepire un bambino, poiché entrambi sono nel pieno della loro vita emotiva e sessuale. Tuttavia, a volte la natura dell'essere umano è un po 'capricciosa e rinuncia a dare ciò che normalmente dovrebbe dare. Maria ha avuto un problema con le sue tube di Falloppio. È un'anomalia insolita che a volte rende difficile per alcune donne rimanere incinta. È un vero tormento! Le coppie in queste circostanze capiranno sicuramente meglio quello che dico. La cosa buona è che, secondo gli studi effettuati su María, se avesse seguito un certo trattamento, avrebbe potuto rimanere incinta senza alcun problema, ma questo ovviamente ha richiesto molta pazienza e perseveranza da parte della coppia.

La strada è stata molto lunga e difficile, ci sono stati momenti in cui la coppia ha voluto rinunciare al fatto di essere genitori, hanno addirittura sollevato l'idea di adottare un bambino invece di continuare a insistere su quella "delusione", tuttavia, nessuno dei due Anche se potessero, la loro condizione economica non ha permesso allo Stato di riporre la sua fiducia in loro. L'unica alternativa era continuare a insistere sul trattamento, che, fortunatamente, era coperto dalla previdenza sociale.

Tre anni dopo, gli sforzi della coppia finalmente ripagati, la scienza aveva aiutato molto Maria a concepire. Ora dovevano solo prendere le cure necessarie in modo che la gravidanza non avesse complicazioni. Non è necessario parlare della grande gioia provata dalla coppia per aver potuto raggiungere l'obiettivo prefissato. Eduardo si è preso cura di sua moglie con grande amore e dedizione, le ha impedito di fare qualsiasi sforzo inutile e le ha fatto seguire una dieta sana per i nove mesi. Così, senza ulteriori contrattempi, Maria stava conducendo una corretta gestazione; ideale per far crescere il feto sano e forte. L'ansia che provavano nel vedere il loro bambino nascere era per loro un'illusione costante. Il giorno dell'ecografia era arrivato, posizionando il dispositivo nell'enorme pancia di María, si vedeva il feto nuotare nella sacca dell'embrione, sembrava un pesce nella sua vasca dei pesci. Le sue braccia e gambe, la colonna vertebrale e tutti i suoi organi erano intatti e sani; Tuttavia, ciò che la coppia desiderava di più era conoscere il sesso del bambino. Il dottore rispose senza esitazione; SARÀ UNA RAGAZZA!

Erano le 3 del mattino, quando Maria cominciò a sentire le doglie; il bambino stava arrivando, annunciando il suo arrivo. Presto, vedendo come portarla in ospedale, Eduardo uscì sul viale, per vedere se con un po 'di fortuna avrebbe trovato un taxi. Non dobbiamo dimenticare che, a quel tempo, il governo aveva stabilito un'immobilizzazione a livello nazionale a causa della pandemia, e per questo motivo non c'era traffico dalle 22:00 alle 4:00 del giorno successivo. Quando Eduardo è uscito sul viale, era più che probabile che non trovasse nessuna macchina sui binari. Anche così, l'emergenza era maggiore e dovevo vedere come ottenere un po 'di mobilità. Quasi come se fosse stata inviata dal cielo, una macchina della polizia passata sul posto, si aggiravano nella zona per evitare qualsiasi incidente in stato di emergenza. Un po 'disperato, Eduardo ha fermato la polizia, indicando l'emergenza che aveva; Loro, senza pensarci troppo, andarono rapidamente sul posto. Trovarono Maria sulla porta di casa sua, che si lamentava di un dolore tremendo. L'autorità, insieme a Eduardo, la mise prontamente sull'auto di pattuglia e si recò in ospedale.

 Quando sono arrivati sul posto, María era con una dilatazione molto alta, la sua acqua si era rotta e la sua valigia è diventata da quel momento una vera emergenza. È stata rapidamente assistita dalle infermiere di turno, che l'hanno condotta in sala parto. Secondo le indicazioni del medico ostetrico, Maria avrebbe dovuto sottoporsi a un taglio cesareo, poiché l'ultima ecografia eseguita indicava che il bambino era in una cattiva posizione per nascere. Secondo quanto stabilito dal medico, è stato praticato un taglio nella parte inferiore del ventre, in modo da poter estrarre il corpo del bambino. Grazie al cielo la creatura è nata senza alcun problema, le sue grida stridule si potevano sentire in tutta la sala parto. Era arrivata una nuova vita! Tuttavia, sebbene il bambino non abbia avuto complicazioni alla nascita, sua madre ha avuto un momento difficile; María ha avuto un'emorragia tremenda, quasi incontrollabile; i medici chiedevano ai loro assistenti sacche di sangue per riparare

tutto il fluido vitale che la giovane madre stava
perdendo. C'erano quasi 22 sacche di sangue di cui Maria
aveva bisogno per uscire da quella crisi. Sono stati
finalmente in grado di controllare l'emorragia e la donna ha
iniziato gradualmente a riprendersi.

 Maria poteva essere dimessa dopo poche settimane, si era
ripresa favorevolmente grazie alle cure ricevute all'interno
dell'ospedale. Da quel momento inizierà un rapporto più
stretto con la sua neonata, che ha fortemente voluto tenere
tra le braccia, e la darà all'allattamento, si dice che i primi
giorni dell'allattamento al seno siano estremamente
importanti per il bambino, poiché il seno secerne, un tipo
molto speciale di latte chiamato colostro, che è altamente
nutriente per il neonato. Quando tornò a casa, Eduardo gli
aveva preparato una bellissima accoglienza, era felicissimo
per il ritorno della sua amata moglie, con la quale, da quel
momento, avrebbero vissuto una nuova tappa della loro
vita. La creatura era molto felice. Sebbene la bambina non
fosse in grado di esprimere ciò che sentiva in quel
momento, riuscì a renderlo evidente attraverso
l'allattamento; succhiava forte il seno della madre, come se
volesse prendere fino all'ultima goccia di latte persa in tutti
quei giorni in cui sua madre era assente.

 La verità è che tanta felicità sembrava strana, lo dico
perché viviamo in un mondo afflitto dal dolore e
dall'ingiustizia. Un giorno, la piccola Sofia (questo era il
nome che le hanno dato) si svegliò febbricitante e con una
tosse secca. Era completamente debole e il suo viso era
pallido. Stava succedendo qualcosa ed era necessario
sapere cosa. I genitori temevano che il loro bambino fosse
stato infettato da quel "dannato virus" che affligge tutta

l'umanità in questo momento. L'hanno portata in un piccolo posto medico, vicino a dove vivevano. La prima cosa da fare era escludere che la bambina fosse stata infettata, solo allora i genitori si sarebbero sentiti un po 'più tranquilli. Quando i test molecolari sono stati eseguiti, è risultato negativo; cioè, la ragazza non è stata infettata; tuttavia, c'era ancora una grande sorpresa per i sintomi che presentava. Se non fosse il "virus"; Cosa stava causando quelle febbri alte? Perché la ragazza si sentiva così debole? Il medico di turno ha ordinato che la ragazza facesse un esame del sangue, era necessario determinare esattamente quale fosse la causa di questo malessere generale.

La notizia che hanno ricevuto è stata terribile! Quando il medico ha letto loro i risultati delle analisi, è stato finalmente possibile capire perché la ragazza era in cattive condizioni di salute. Il sangue della piccola Sofia era contaminato; era risultato positivo all'HIV.

Come è stato possibile? Quando è stato infettato? Chi era responsabile? C'erano infinite domande irrisolte; la coppia sposata era profondamente scioccata; la vita di sua figlia sarebbe segnata per sempre e sarebbe molto difficile per lei andare avanti, conoscendo i pregiudizi e gli stigmi che la società ha. I primi sospetti caddero su Eduardo, si presumeva che avesse avuto relazioni extraconiugali e che in conseguenza di ciò avesse contagiato la sua famiglia. Eduardo però non era quel tipo di uomo, aveva sempre rispettato la sua compagna, e non aveva mai osato uscire con un'altra donna, macchiando così il letto matrimoniale. Tuttavia, non gli bastava dirlo, doveva provarlo in qualche modo; Fu allora che decise di fare il test "ELISA", avendo il sorprendente risultato di essere negativo; era pulito e quindi non era responsabile di questa disgrazia. Pertanto, non c'era dubbio che la persona che ha infettato direttamente il bambino fosse sua madre. Ma come potrebbe essere possibile? È noto che, durante la gravidanza, la madre si sottopone a diverse analisi cliniche, che includono esami del sangue, infatti, due giorni prima del parto, hanno fatto l'ultimo esame del sangue, con esito favorevole, e senza niente di nuovo. Maria aveva contagiato sua figlia attraverso il latte materno, quella era l'unica risposta sicura che si era avuta fino a quel momento, ma quello che non si capiva, era come fosse stata infettata Maria. Fino a quando, legando i punti; hanno concluso che era stata infettata nello stesso ospedale. Tutte le sacche di sangue che aveva ricevuto per controllare la sua emorragia, erano l'indizio principale per capire cosa fosse successo.

Purtroppo, lungi dal riconoscere la negligenza medica; le autorità ospedaliere hanno cercato di eludere la responsabilità incolpando direttamente i donatori di sangue. CHE COWARDS!. Non sono loro che devono prestare le cure necessarie per impedire a una persona infetta di trasferire il proprio sangue a un'altra? Due giorni prima del parto, Maria era una donna completamente sana, come dimostrano le analisi fatte in precedenza. Come è possibile che la vita di una madre con la figlia venga distrutta in questo modo? Onestamente ho sentito un enorme indignazione quando ho sentito questa notizia in televisione. La cosa peggiore è che, pur conoscendo il risultato della sua terribile negligenza, l'ospedale non si degna di assumersi le spese per i medicinali; dicono che prima devi indagare a fondo sul caso. Fino al momento in cui vi scrivo questa storia, la coppia di sposi, con le loro scarse finanze, si assume tutte le spese per acquisire i tanto necessari retrovirali, in modo che la malattia non progredisca ulteriormente.

 Quasi a non credere, sono passati più di 6 mesi dai fatti accaduti, e non c'è ancora un solo responsabile, assolutamente nessuna autorità ospedaliera è stata sanzionata; e lo dico in ambito amministrativo, perché se parliamo di ambito penale, il pubblico ministero si fa notare per la sua assenza. Alcuni di voi si chiedono se la negligenza medica sia un crimine. Certo che sì, questo è compreso tra i delitti contro il corpo e la salute, e prevede una sanzione penale, oltre alla riparazione civile che deve essere consegnata ai parenti o alle persone colpite.

 Eduardo ha subito una quarta prova, e ne esce comunque negativo, questo è bene dimostrare in tribunale che non è stato lui la causa del contagio alla ragazzina. Tuttavia, il povero è completamente demoralizzato e con grande dolore nel cuore. Nemmeno trovando giustizia, potranno ridargli gioia, HANNO COMPLETAMENTE ROVINATO LA VITA DI PICCOLA SOFIA!.

CAPITOLO 3

PROTOCOLLO

I protocolli di sicurezza sono molto importanti per qualsiasi tipo di istituzione o azienda, nessuno può fare a meno di queste formalità che vengono imposte per la cura e la protezione delle persone. Annunci come: VIETATO FUMARE IN LUOGHI PUBBLICI COME QUESTO, USARE LA CINTURA DI SICUREZZA, PERICOLO - ALTA TENSIONE! sono alcuni esempi che abbiamo nella vita di tutti i giorni. Tuttavia, in molte occasioni, le persone ignorano il motivo per cui sono in vigore questi protocolli e tendono a trascurare misure così importanti per la loro sicurezza. Solo quando si verifica un disastro o un incidente grave, le persone vengono a conoscenza di questi annunci e si rammaricano di non averli presi in considerazione. In un'occasione, sono rimasto profondamente addolorato quando ho sentito al telegiornale il caso di un bambino di 5 anni che si era impiccato con le corde di una tenda. La famiglia aveva programmato di denunciare l'azienda, ritenendola responsabile di quanto accaduto, questo però è stato inutile, poiché nelle stesse istruzioni per l'uso del prodotto si sottolineava chiaramente di stare attenti a queste corde. L'annuncio diceva: TENERE FUORI DALLA PORTATA DEI BAMBINI!

Un'azienda che lavora con rifiuti chimici, un ospedale che lavora con oggetti taglienti o una scuola che lavora con i bambini. Tutti, senza eccezioni, devono essere molto consapevoli dei protocolli di sicurezza. La terribile esplosione avvenuta recentemente a BEIRUT, in Libano, è stato proprio uno di questi casi, dove questi protocolli dovevano essere rispettati, ma l'inerzia delle autorità ha permesso di immagazzinare queste sostanze chimiche per molti anni, come se fosse una bomba. di tempo a se stessi. Solo quando è avvenuto il disastro si sono resi conto della loro terribile colpa.

 La prossima storia che vi racconto, è avvenuta solo pochi giorni fa; Per essere più precisi, il 28 settembre 2020. Ed è strettamente correlato a quanto vi sto dicendo, cioè alla mancanza di protocolli di sicurezza.

 Victor è un poliziotto di 58 anni, il suo pensionamento è molto vicino, tutta la sua giovinezza, fatica e sacrificio sono stati dedicati all'istituzione dei suoi amori, cioè alla polizia nazionale del Perù. Tra i suoi colleghi è considerato un buon riferimento, soprattutto per i neo-poliziotti neolaureati. Ogni giovane che entra per la prima volta in un istituto, cerca sempre un buon esempio da seguire, e Victor era uno di quei buoni esempi, che tutti ammiravano e volevano copiare. Non solo è un buon collaboratore, ma anche un ottimo padre di famiglia, è riuscito, con tanti sforzi, a crescere le sue due figlie, già vicine al completamento della loro carriera professionale. Spera solo che le sue figlie realizzino questo sogno, così che, finalmente, possa riposarsi da tanta fatica derivante da tanti anni di lavoro. Desidera tornare in patria, che è una bellissima città negli altopiani del Perù. C'è sua madre, una donna anziana, che non vede da molto tempo. La paura che sua madre muoia, senza averla vista prima, diventa un'angoscia costante nel cuore di Victor, per questo motivo ha deciso di viaggiare quest'anno, dopo che le misure restrittive saranno state tolte, e potrà godere un tempo libero. L'amore materno è così grande che è incredibile vedere un uomo che, nonostante il tempo, o la forza che ha, o il potere che ottiene in questo mondo, continui sempre a dipendere da quella donna che gli ha dato la vita.

Questa storia non sarebbe capita se non ti parlasse di Alvaro, che è una figura chiave per capire cosa è successo quella notte. Alvaro è un atleta qualificato da molti anni, i suoi successi sportivi gli hanno persino permesso di essere l'immagine pubblicitaria di varie palestre e scuole di arti marziali. In effetti, è un atleta di arti marziali, ed è riuscito a mettere il suo nome ai vertici dello sport nazionale in quella disciplina. La gente generalmente lo considerava molto bene. Lo vedevano rispettoso, amichevole, pacifico e inoltre era un membro di una buona famiglia Limeña, una di quelle dell'alta società peruviana. Tutto è successo normalmente, non ci sono stati problemi con lui, anzi, è stato un buon esempio da seguire. Tuttavia, un giorno, in un modo un po 'strano, la sua famiglia iniziò a notare cambiamenti nel suo carattere, era irritabile, arrabbiato, instabile e non voleva parlare con gli altri. I suoi cari pensavano che il carico emotivo, o le innumerevoli ore di esercizio che praticava ogni giorno, fossero arrivati a "soffocarlo", ed è per questo che si è comportato così. Non davano molta importanza a questo e continuarono la loro vita nel solito modo.

La madre di Alvaro aveva l'abitudine di svegliarlo la mattina, era la prima persona che suo figlio vedeva. Gli portava sempre la colazione a letto e ne approfittavano per parlare un po 'di tutto quello che era successo il giorno prima. Tuttavia, sebbene questo fosse comune, in un'occasione non lo era. La madre ha bussato alla porta della stanza per diversi minuti, senza trovare alcuna risposta da parte del figlio. In quel momento si pensava al peggio, si credeva che il ragazzo si fosse ferito, o che forse avesse preso delle pillole per porre fine alla sua vita. Non va dimenticato che, in quel momento, le emozioni di Alvaro non erano del tutto stabili.

Da quel giorno in poi non si seppe altro da Alvaro. Non si sapeva se fosse scappato, se fosse stato rapito o se fosse stato assassinato. La verità è che, da quel momento in poi, la sua posizione divenne un vero mistero, e l'angoscia dei suoi parenti nel trovarlo crebbe ogni giorno di più. Trascorsero così, in questo modo, circa due anni, prima che iniziasse ad arrivare la notizia del suo luogo. Secondo alcuni testimoni, avevano visto Alvaro dormire sulle panchine di un piccolo parco. Hanno commentato che il giovane era diventato dipendente dalla droga e che spesso lo hanno trovato a respirare in modo terribile con altri tossicodipendenti. Com'è stato possibile che un giovane sport promettente cadesse nel mondo sotterraneo della droga? Cosa è andato storto nella vita di Alvaro per convincerlo a intraprendere quella strada? C'erano molte domande nell'aria, domande che le persone si ponevano lamentando la triste realtà del povero giovane.

Quando una persona cade nella dipendenza dalla droga, non ha più il controllo su se stessa e diventa dipendente da ciò che genera quella dipendenza. Ovviamente, questo non è l'intero problema, in molte occasioni le famiglie devono sopportare tutto il peso del dolore e dell'angoscia che genera un parente in queste condizioni. Trova centri di riabilitazione per lui, aiutalo a uscire dalla crisi, abbi pazienza per lui e persino assumi professionisti della salute. È VERAMENTE UN CASO CAOTICO! E se la condizione economica della famiglia non è buona, o non c'è abbastanza amore per la persona amata, finisce semplicemente per essere abbandonata al suo destino.

 Le droghe non solo hanno causato guasti familiari, ma hanno anche aumentato la criminalità nel paese. La maggior parte dei paesi sudamericani non ha investito risorse economiche sufficienti in programmi di assistenza sociale per aiutare queste persone a superare il problema. Per questo motivo, un problema tira l'altro.

 Alvaro era diventato un criminale selvaggio. Le sue abilità nelle arti marziali gli sono servite per minacciare e intimidire i passanti, dai quali li ha derubati di denaro e beni materiali. Sebbene la famiglia volesse aiutarlo a tornare a casa e iniziare una nuova tappa, il giovane era già troppo contaminato da quel mondo, che gli impediva di tornare a una vita esemplare. A volte accade in questo modo quando non sono disposti a cambiare; se non vogliono aiutare se stessi, chi altri può? I suoi vizi lo avevano reso un uomo indifferente al dolore degli altri, viveva solo per soddisfare se stesso, qualunque cosa pensassero di lui.

 Un lunedì sera, Victor ricevette l'ordine di pattugliare le strade di Miraflores, un lussuoso quartiere residenziale nella capitale Lima. Le persone che vivono in questo luogo ne apprezzano molto la tranquillità e la pace, e non permettono a nessuno di intaccare il loro pacifico luogo di convivenza. Victor era molto felice, pattugliare quelle strade non produceva quasi mai uno shock. La notte era limpida e non sembrava esserci nulla di nuovo. Comunque è sempre bene avere le dovute attenzioni, nessuno sa cosa può succedere; La vita è diventata così imprevedibile che è meglio adottare misure di sicurezza corrispondenti a ogni lavoro o stile di vita. La criminalità è aumentata molto in questi giorni, la polizia nazionale sta raccogliendo tutti i suoi sforzi affinché la popolazione rispetti i protocolli sanitari, il Perù è uno dei paesi con il maggior numero di infezioni e morti a causa della pandemia, per questo motivo, le autorità stanno ponendo un accento particolare sul rispetto delle misure di allontanamento sociale e di salute. Ma questo, a sua volta, sta producendo un tasso più elevato di rapine e crimini in tutto il territorio peruviano. Vale a dire, da un lato si rafforza un bisogno sociale, ma dall'altro si trascura la lotta alla criminalità.

Verso le nove di sera. Una donna si è avvicinata all'auto di pattuglia che Victor e il suo compagno stavano guidando. Un po 'disperata, iniziò a raccontare cosa era successo. Ha commentato che, solo pochi istanti fa, era stata aggredita da un giovane che, non soddisfatto di averle preso i soldi, le ha picchiato inutilmente, che le ha prodotto un ematoma all'occhio sinistro. La donna ha anche commentato che il giovane ha scavalcato un muro, entrando illegalmente nella proprietà di un vicino. Secondo la testimonianza della donna, questo giovane si era barricato nel luogo e non voleva andarsene.

Victor ha immediatamente contattato la base di polizia per ricevere rinforzi per aiutarlo a intervenire sul posto. Il lavoro di squadra è sicuramente il modo migliore per combattere il crimine, Victor lo sapeva molto bene. Non ci volle molto prima che arrivassero i rinforzi, la polizia aveva circondato l'uomo. Era solo questione di minuti per prenderlo.

 Alvaro era entrato in quella casa, era drogato. Non capiva, né ragionava correttamente, era furioso e violento. Aveva preso un coltello dalla cucina, con il quale aveva minacciato la famiglia, e anche i carabinieri che cercavano di intervenire. Alla fine, l'autorità è riuscita a controllare l'alterco e Alvaro è stato arrestato e portato alla stazione di polizia. Quando sono arrivati sul posto, hanno cercato di ascoltare le scuse che il giovane poteva dare per capire il suo comportamento, è stato in quel momento che i poliziotti hanno potuto notare che Alvaro non stava bene mentalmente. Apparentemente il giovane soffriva di schizofrenia, le poche parole coerenti che uscivano da lui, facevano supporre il fatto. In quella condizione, era necessario un avvocato della difesa perché potesse vigilare sui suoi interessi, altrimenti potrebbe essere considerato un abuso di autorità.

 Mentre il difensore di Alvaro arrivava, affidarono a Victor di portarlo nella prigione, dove avrebbero aspettato fino all'arrivo della difesa del giovane. Ad un tratto! Mentre c'era una certa calma in questura, boom boom boom! Si sentirono cinque terribili spari. QUELLO CHE È SUCCESSO? DA DOVE VIENE QUEL SUONO? Allarmati dallo scandalo che si è generato, si sono tutti alzati e sono corsi a scoprire da dove provenissero gli spari. In un primo momento, la polizia ha creduto che fosse scoppiata una sparatoria tra le bande del luogo; ma non era così, non c'era niente di nuovo per le strade, tutto si presentava normalmente. COSA SUCCEDEVA ALLORA? Se i suoni non provenivano dalla strada, da dove venivano? Hanno cominciato a pensare al peggio! Tutti temevano che Victor avesse perso il controllo del criminale e lo uccise. In quel momento ci furono urla di terrore, LO HA UCCISO, L'HA UCCISO! MERDA L'HA UCCISO!

Tutti si chiedevano chi fosse morto. C'era nervosismo all'interno del quartier generale della polizia. Il comandante ha inviato tre agenti di polizia per scoprire esattamente cosa stava succedendo. Avanzarono attraverso i passaggi che portavano alle celle dei prigionieri, compiendo tutti i passi con estrema cautela. È STATO TERRIBILE!. LA SCENA ERA TERRORIFICA! Victor era steso a terra, in mezzo a una pozza di sangue, ancora vivo e chiedeva aiuto ai suoi compagni. Alvaro, invece, inginocchiato nell'angolo della prigione, conversava innocentemente con il muro, come se nulla fosse successo.

Sollevarono il corpo di Victor per portarlo all'ospedale più vicino, i suoi compagni speravano che potesse sopravvivere. Ma sfortunatamente non è stato così, l'uomo ha perso troppo sangue ed è finito per morire mentre si recava in ospedale.

L'accusa ha iniziato a indagare sul caso, alle telecamere di sicurezza è stato chiesto di sapere esattamente cosa fosse successo all'interno della sede. Le indagini hanno concluso che Victor aveva commesso un terribile errore. PECCATO DI FIDUCIA! Quando si fa la diligenza per rimuovere le catene dell'autore del reato, devono esserci sempre 3 agenti di polizia. Due di guardia fuori dalla cella, con la sua arma di regolazione, e un altro, che ha la missione di rimuovere il marocchino all'interno della stessa cella, e senza la sua arma di regolazione. Sfortunatamente Victor non lo ha fatto e ha cercato di risolvere la questione da solo. Proprio mentre riponeva le chiavi, il criminale gli ha afferrato la pistola e gli ha sparato senza pietà.

 Il giudice ha dichiarato inappellabile Alvaro, le condizioni mentali che aveva gli hanno favorito un trattamento speciale. È stato portato in un ospedale psichiatrico, dove è attualmente detenuto. D'altra parte, tutti i sogni di Victor sono svaniti con la sua morte, le sue figlie erano profondamente mortificate e sua madre poteva solo vederlo di nuovo, in un cassetto, senza vita. Tutto questo è accaduto, perché Victor non sapeva come monitorare i protocolli di sicurezza che, come poliziotto, doveva tenere in considerazione. Gli era rimasto poco per realizzare i suoi sogni e in un istante di negligenza perse assolutamente tutto.

CAPITOLO 4

OSSESSIONE

Quando sono entrato nel quarto anno della mia carriera
professionale, ho chiesto il mio trasferimento nella città di
Lima. La mia università aveva centri educativi in diverse
parti del Perù; per questo motivo non c'era problema a
continuare i miei studi altrove, a quel punto ero già molto
maturato; la mentalità del ragazzo avventuroso, e
bohémien, era svanita con il tempo. La visione più
importante che avevo in quel momento era quella di
perfezionarmi in termini di tecniche legali. Mi restava poco
per laurearmi e non volevo lasciare l'aula senza avere le basi
per esercitare la mia professione. Ricordo vividamente che,
quel primo anno in cui sono arrivata nella capitale, ho
seguito 2 corsi di carriera che mi appassionavano da "pazzo
innamorato", erano due corsi affascinanti che mi hanno
ispirato a conoscere il comportamento criminale. Per
esempio; Non è lo stesso analizzare l'aspetto giuridico
dell'assassino che agisce con emozione violenta,
dell'assassino che agisce con premeditazione e tradimento,
sono due soggetti diametralmente diversi, e il loro studio
inquadra un'analisi profonda di ciascuno. Questi due corsi
di carriera che mi hanno svegliato il desiderio di diventare
un avvocato penalista sono stati CRIMINOLOGIA E
MEDICINA FORENSE. Sono rimasto molto sorpreso di
capire il comportamento criminale dell'assassino che agisce
con premeditazione, questo è, nella sua essenza, un
carattere machiavellico, che calcola assolutamente tutto
prima di commettere un crimine. Nessun dettaglio gli
sfugge e pianifica molto bene ogni passo che farà.

Capisco che tu come lettore non dovresti essere molto interessato a questa analisi, ma penso che sia molto importante conoscerla, per raccontarti la seguente storia avvenuta nel 2016, in un quartiere di Lima chiamato San Miguel.

Nel codice penale è classificato un reato denominato SEDUZIONE DI MINORI, e ciò si compie quando, persona maggiorenne, con tutte le capacità mentali e fisiche; inganna, manipola e seduce un minore, facendolo cadere in errore per la sua mancanza di coscienza. È quindi la descrizione pertinente per dirvi cosa ha fatto Carlos con il piccolo Andrea.

Carlos era un giovane argentino arrivato in Perù, a seguito della crisi economica che stava attraversando il suo Paese, aveva 25 anni quando è arrivato. Si è rapidamente affermato ed è riuscito a trovare un lavoro come consulente finanziario. La sua buona immagine e il suo comportamento da gentiluomo lo hanno aiutato molto a entrare a lavorare in una piccola azienda, dove c'era esattamente quel tipo di persone. Tuttavia, il pagamento non era buono, raggiungeva a malapena i 300 dollari al mese, che è il salario minimo in Perù. Siccome si era appena stabilito nella capitale, con un po 'di fortuna è riuscito ad affittare una piccola stanza in un noto e popoloso quartiere di Lima, i 100 dollari che ha pagato per quella stanza gli hanno permesso di avere un surplus per le sue spese di vitto e abbigliamento. Tuttavia, questa tassa non era abbastanza buona per vivere comodamente e tranquillamente. Carlos ha dovuto trovare un lavoro alternativo per coprire le altre sue esigenze, per questo motivo ha cercato di approfittare degli studi di inglese che aveva fatto nel suo paese, per iniziare a lavorare in una piccola scuola secondaria. Lì conosce Andrea, una ragazzina di soli 13 anni, che da quel momento diventerà uno dei suoi allievi. Andrea era appena passata al liceo, come ogni bambino che cresce, si sentiva sull'apice della gloria per aver iniziato a relazionarsi con studenti più grandi di lei. Andrea sentiva di aver smesso di essere una bambina e di essere pronta per una nuova tappa, una tappa in cui aveva bisogno di vivere nuove esperienze.

Quando Carlos l'ha vista; Lungi dal sentirsi in colpa per il desiderio "peccaminoso" di fissarsi su un minore, accrebbe irresponsabilmente un sentimento per la ragazza, che presto si trasformerà in una passione disordinata, su cui perderebbe assolutamente il controllo. Carlos conosceva molto bene i suoi vantaggi; sia psicologico, fisico, sia emotivo, sapeva che non sarebbe stato difficile per lui convincere la ragazza di un corteggiamento clandestino, ancor di più, sapendo quanto frettoloso Andrea voleva vivere.

Come previsto, Carlos convinse la ragazza ad accettare la sua proposta. Era emotivamente fragile. Quando ha sentito quelle parole romantiche e seducenti che uscivano dalle labbra del suo professore argentino, non ha avuto altra scelta che arrendersi alle sue braccia. Gli ha dato "SI". E ha permesso a Carlos di rubarle un bacio profondo e appassionato. Ci tengo a sottolineare che, in alcune città del Paese, il matrimonio con un minore è consentito, ad esempio, nella giungla del Perù, questo è dovuto allo stile di vita delle persone, ed è anche riconosciuto come parte del ordine legale. Tuttavia, si verifica solo in alcuni luoghi, come applicabilità speciale della norma, ma non ha effetto

su tutto il territorio peruviano. Carlos aveva l'idea sbagliata
che la sua relazione con il piccolo Andrea potesse essere
accettata dalla società in generale, e ha anche considerato
che la sua storia d'amore era completamente sana e
naturale, ma quello che stava effettivamente facendo era
commettere il crimine di seduzione.

 Dopo alcuni mesi, Carlos ha istigato la piccola Andrea a
parlare con i suoi genitori, il suo scopo era che i genitori
della ragazza accettassero finalmente il loro rapporto con
lei. Ovviamente, questo fatto ha prodotto un profondo
rifiuto in famiglia e hanno proibito alla ragazza di
continuare a visitare Carlos. A quel punto Andrea aveva
già "perso la testa", era ossessionata dal ragazzo. Non era
in grado di capire che questa relazione era estremamente
tossica e malsana. In questo modo, ignorando i suoi
genitori, ha continuato la sua relazione con Carlos
clandestinamente. Tuttavia, questo rifiuto ha causato un
brusco calo del viso del giovane. Era sconvolto, a disagio e
non era in grado di vedere la ragione, credeva che non ci
fossero ragioni sufficienti per la famiglia per opporsi in quel
modo.

 Il problema è peggiorato quando la bambina è rimasta
incinta. A soli 13 anni, e avendo vissuto in fretta, e non
secondo la sua età, si stava preparando per una nuova fase
della sua vita. I due ragazzi non erano assolutamente
consapevoli di quello che stavano facendo. Andrea ha
dovuto abbandonare la scuola, la sua pancia cresceva ogni
giorno di più, quindi ha prodotto commenti sfortunati da
chi conosceva la famiglia. In questo modo i genitori hanno
ritenuto opportuno isolare Andrea per un po ', almeno fino
a quando non avesse potuto partorire. Ma, quando hanno

preso questa decisione, non hanno considerato affatto
Carlos. A loro non interessava sapere nulla del ragazzo,
infatti; Erano così indignati con lui che hanno solo
aspettato il momento per denunciarlo alla polizia. Carlos
aveva rovinato la vita della ragazzina e non se ne rendeva
conto.

Dicono che l'ossessione è malsana e può causare enormi
disastri emotivi nelle persone. Se non lo tratti in tempo,
può scatenare eventi terribili. La mente di Carlos non era
più su di lui, era turbato, arrabbiato e fuori controllo. Non
vedere Andrea per così tanto tempo lo rendeva
terribilmente ansioso. Fu in quel momento che iniziò a
preparare un macabro piano.

A Lima c'è un mercato nero, dove si può comprare
qualsiasi cosa illegale, non citerò il nome di questo posto,
poiché, in fondo, questo mercato cerca di apparire formale
da dove si vede. Lì puoi trovare qualsiasi cosa
rubata; telefoni cellulari, macchine fotografiche, computer,
strumenti di lavoro, scarpe ecc. Tuttavia, c'è una parte
ancora più oscura. In questo mercato puoi acquistare armi
da fuoco; pistole di diverso calibro, infatti, molte bande
criminali le acquisiscono in questi luoghi per compiere i
loro crimini.

Carlos aveva deciso di prendere la "giustizia" nelle sue
mani; non avrebbe permesso a niente di portarlo via dalla
sua amata ragazza. Ha cercato di raccogliere dei soldi, con i
quali avrebbe potuto fornire un'arma da fuoco. Andò al
suddetto mercato e comprò una pistola con varie
munizioni, oltre a un silenziatore per non destare
sospetti. Pianifico l'omicidio con un mese di anticipo e,

sebbene possa sembrare sorprendente, Carlos aveva già un complice; Sì, Andrea sarebbe stato il suo grande supporto per consumare la sua terribile decisione. Nonostante fossero fisicamente separati, comunicavano telefonicamente, in questo modo Andrea era a conoscenza di tutti gli eventi. Carlos ha coinvolto anche un altro individuo, al quale ha pagato una somma di denaro per aiutarlo nel caso in cui le cose andassero fuori controllo.

Era un mercoledì pomeriggio, nella capitale peruviana pioveva, e nella zona dove viveva Andrea non c'era quasi gente, a causa della pioggia torrenziale la maggior parte dei vicini era intrappolata nelle proprie case. Il piano doveva funzionare, altrimenti tutti sarebbero stati in grossi guai. Quando l'orologio ha battuto le 5 del pomeriggio, Andrea ha chiesto alla madre di comprarle delle pillole in farmacia, questo doveva essere fatto, in modo che le serrature della porta di casa potessero essere aperte, e in questo modo, Carlos e il suo complice potevano entrare facilmente. Non fu difficile per loro entrare nella casa a due piani, in modo sottile, e cercando di non fare rumore, iniziarono a salire le scale, indossando cappucci per non farsi riconoscere. Proprio in quel momento, quando pensavano di dare un colpo a sorpresa, è apparsa la sorella maggiore di Andrea, che quando li ha visti, ha gridato terrorizzata. Con una tremenda freddezza, e senza misurarne le conseguenze, Carlos sparò senza pietà in faccia alla ragazza, uccidendola nel momento preciso. Qualcosa era andato storto, il silenziatore della pistola non funzionava e al momento dello sparo si è udito un forte rumore di fuoco che avvertiva il padre di Andrea della presenza di intrusi. Quando lasciava la sua stanza, il padre poteva vedere la terribile scena. L'uomo non poteva restare a meditare su quanto accaduto, aveva bisogno di combattere contro quegli invasori e cercare di aiutare la sua famiglia. Purtroppo, non aveva idea che fosse sua figlia a progettare di ucciderlo. Combatté con tutte le sue forze, cercò a tutti i costi di evitare di farsi male, ma le forze nemiche erano maggiori, alla fine gli spararono tre volte al petto, togliendogli la vita in quell'istante.

Apparentemente Carlos aveva raggiunto il suo scopo, aveva solo bisogno di trovare Andrea e scappare rapidamente dal posto. La ragazza si vestì, preparando alcune cose per scappare, non ebbe il minimo rimpianto per quello che aveva appena fatto. Pensava solo al suo amato Carlos e alla vita meravigliosa che avrebbe dovuto vivere accanto a lui.

Quando è arrivata la madre di Andrea, dopo aver completato l'ordine della figlia, ha potuto notare molti vicini intorno alla sua casa. Lo hanno avvertito di non entrare. A quanto pare, i residenti del luogo avevano notato il suono degli spari e avevano già chiamato la polizia. Nel frattempo, Carlos, Andrea e il loro complice hanno continuato a mettere insieme i loro piani di fuga, senza rendersi conto di essere già messi alle strette dalle autorità. Quando sono entrati dalla porta per andarsene, la polizia li stava aspettando per ammanettarli.

Carlos non aveva altra scelta che confessare il suo crimine, la sua triste storia sarebbe finita in una cella con quattro mura. Sebbene volesse beneficiare della sincera confessione, che è un bilancio legale per mitigare la pena, i suoi anni di carcere non sarebbero scesi sotto i 37 anni. Aveva commesso due crimini contemporaneamente,

il primo; stupro e seduzione di un minore e il secondo
quello di omicidio qualificato; che è un crimine che
aggrava la pena dell'imputato. E quanto ad Andrea, doveva
essere rinchiusa in un centro di riabilitazione minorile, non
bisogna dimenticare che i minori di diciotto anni sono
inappellabili, e non possono essere incriminati davanti alla
legge. Ci sono molti che mettono in dubbio questo
problema; ma finché non c'è posizione contraria, così
continuerà. Purtroppo il suo bambino doveva nascere in
quell'ambiente cupo, pieno di miseria.

Non so fino a che punto possa arrivare l'amore materno,
ma ho scoperto di recente che Andrea è stata perdonata
dalla madre, che era piena di pietà e compassione,
vedendola in una condizione così triste. Dopotutto Andrea
era solo una ragazzina di 13 anni, sicuramente la sua
coscienza debole le ha giocato un brutto scherzo, ed è finita
per essere il burattino di una persona mentalmente
depravata. Inoltre, dopo quel terribile evento, c'erano solo
madre e figlia, spettava a loro perdonarsi a vicenda, o vivere
con risentimento e senso di colpa per la vita.

Questo crimine mi ha fatto conoscere un po 'di più sulla
condotta criminale, di cui ho parlato all'inizio di questa
storia. L'omicidio qualificato è diverso da qualsiasi altro
omicidio. E questo è dovuto alla mancanza di affetto,
rimorso o colpa che l'assassino può avere. Questo tipo di
criminale ha molto tempo per rinunciare a tutti i suoi atti,
tuttavia, la sua perversità e la mancanza di affetto naturale,
lo fanno continuare con il suo comportamento sanguinoso
e criminale. Machiavelli diceva: IL FINE GIUSTIFICA I
MEZZI; vale a dire che non importa come si ottengono le
cose, l'importante è ottenerle. Ecco perché credo che

coloro che commettono un omicidio aggravato abbiano una mente machiavellica, poiché sono soggetti proprio a questa posizione argomentativa.

 La cosa più triste di questa storia è che sicuramente quella ragazza crescerà e solo allora si renderà conto delle conseguenze delle sue azioni. Forse Andrea deve vivere ogni giorno della sua vita pieno di rimpianti e lo stesso pregiudizio delle persone. Non solo ha rovinato la sua vita, ma anche quella del suo bambino e quella della sua stessa famiglia. E TUTTO PERCHÉ? da un'ossessione malata.